Como Dejar de Perder Dinero

Ricardo Moreno

Primera edición

Indice

Mentalidad Antes que Estrategia 7
Las Reglas de Oro del Control de Riesgo 13
Cómo Elegir un Tamaño de Posición Seguro 20
Errores Comunes que Destruyen el Capital 27
El Poder de los Stop Loss 34
La Importancia de la Paciencia en la Entrada 42
Evitar el Trading Emocional 49
Gestión de Noticias y Eventos del Mercado 56
Cómo Diseñar un Plan de Trading a Prueba de Errores 63
La Ventaja del Backtesting y Forward Testing 70
Cómo Manejar las Rachas de Pérdidas 77
Aceptando que las Pérdidas son Parte del Juego 84
Evitar la Sobreconfianza Después de Ganancias 91
Cómo Evaluar tu Rendimiento como Trader Defensivo 98
Evolucionando de un Trader Defensivo a un Trader Consistente 105

Mentalidad Antes que Estrategia

El trading puede parecer un juego emocionante. Ves las gráficas subir y bajar, escuchas historias de personas que hicieron fortunas y te imaginas a ti mismo alcanzando esa libertad financiera que tanto anhelas. Pero déjame decirte algo: si tu enfoque principal es ganar dinero rápidamente, estás empezando por el camino equivocado. Antes de aprender estrategias, patrones o indicadores, necesitas trabajar en lo más importante: tu mentalidad. Porque, sin la mentalidad adecuada, ninguna estrategia será suficiente para evitar las pérdidas.

Cuando empiezas a operar, el primer impulso suele ser buscar cómo ganar más. Es natural. Pero, ¿alguna vez te has detenido a pensar en cómo no perder? Este es el verdadero arte del trading: proteger lo que tienes antes de intentar multiplicarlo. La mentalidad defensiva en el trading no es atractiva, no es emocionante, pero es lo único que puede mantenerte en el juego. Y la verdad es que este juego no se trata de ganar una sola operación espectacular; se trata de sobrevivir a las pérdidas inevitables y seguir avanzando.

Quiero que reflexiones sobre esto: el mercado no te debe nada. No le importa cuánto necesites ganar este mes para pagar tus cuentas o lograr tus sueños. Es un sistema neutral, lleno de oportunidades y peligros. La mayoría de los traders pierden porque se acercan al mercado con expectativas equivocadas, creyendo que pueden controlarlo o que deben ganar cada vez que operan. Esta creencia es la receta perfecta para el desastre.

Uno de los mayores enemigos de tu progreso en el trading eres tú mismo. Es esa voz interna que te dice: "Esta vez sí será diferente", mientras ignoras todas las señales de advertencia. Es la impaciencia que te lleva a entrar en operaciones mal planificadas solo porque sientes que te estás perdiendo algo. Es la frustración después de una pérdida que te empuja a tomar decisiones impulsivas para "recuperar" lo que perdiste. Y lo peor de todo: es la arrogancia después de una racha de ganancias que te hace olvidar los riesgos. Si no controlas estas emociones, el mercado lo hará por ti, y créeme, no será amable.

Entonces, ¿cómo se construye una mentalidad defensiva? Todo comienza aceptando una realidad que a muchos les cuesta digerir: las pérdidas son parte del trading. No importa lo bueno que seas, vas a tener pérdidas. El problema no es perder; el problema es cómo reaccionas ante esas pérdidas. Un trader con la mentalidad adecuada las ve como el costo de hacer negocios, como una oportunidad para aprender. Un trader con una mentalidad errónea las ve como una afrenta personal, como un fallo de carácter. Esta diferencia en perspectiva puede determinar si sobrevives o te quedas en el camino.

La paciencia es otra pieza clave. En el trading, no hacer nada es tan importante como tomar acción. Los traders inexpertos sienten que siempre tienen que estar operando, que cada movimiento del mercado es una oportunidad. Pero la realidad es que no lo es. Los mejores traders saben esperar. Observan, analizan y solo actúan cuando todo está alineado a su favor. Operar por aburrimiento, por ansiedad o por presión personal es una de las maneras más rápidas de perder dinero.

También necesitas desarrollar la habilidad de desconectarte emocionalmente de cada operación. Esto suena fácil en teoría, pero es un desafío en la práctica. Cada vez que colocas una operación, hay una parte de ti que espera ganar. Es natural, pero peligroso. Cuando estás emocionalmente apegado a una operación, es más difícil cerrar una posición con pérdidas o mantener la calma si las cosas no van como esperabas. Aquí es donde entra en juego la disciplina. Tienes que aprender a seguir tus reglas, incluso cuando tu mente te diga que "esta vez puedes romperlas".

Quiero que pienses en el trading como si fueras el capitán de un barco navegando en un océano impredecible. No puedes controlar el clima ni las olas, pero sí puedes controlar cómo preparas tu barco y cómo respondes a las tormentas. Tu capital es ese barco. Si tomas riesgos innecesarios, no revisas tus mapas o no corriges el rumbo a tiempo, el barco se hundirá. Tu principal responsabilidad no es llegar al destino más rápido; es asegurarte de que el barco siga flotando.

El verdadero secreto del trading no está en encontrar la estrategia perfecta. Está en aprender a manejarte a ti mismo. Es saber cuándo operar y cuándo quedarte fuera. Es reconocer que el mercado no es tu enemigo, pero tampoco es tu amigo. Es un terreno neutral que puede recompensarte o castigarte dependiendo de cómo te comportes. Y aquí está el punto clave: si te enfocas en proteger tu capital, en lugar de perseguir ganancias rápidas, te estarás dando la oportunidad de seguir aprendiendo y mejorando.

El trading no es una carrera de velocidad; es una prueba de resistencia. No se trata de ganar hoy o mañana, sino de seguir operando de manera consistente durante años. La estrategia puede esperar. Primero necesitas construir una mentalidad que te permita sobrevivir al viaje. Y recuerda: el objetivo no es ganar siempre. El objetivo es no perder de manera que te saquen del juego. Una vez que internalices esto, estarás listo para aprender las estrategias y herramientas que realmente marcan la diferencia.

Las Reglas de Oro del Control de Riesgo

En el mundo del trading, el control del riesgo es como el cinturón de seguridad en un automóvil. Puedes ser un excelente conductor, conocer cada curva de la carretera y tener el auto más rápido, pero si no usas el cinturón, el primer accidente podría ser el último. Así de importante es proteger tu capital. No importa cuán buena sea tu estrategia o cuán segura parezca una operación; si no manejas el riesgo adecuadamente, estás jugando con fuego. Y en el trading, el fuego quema rápido.

El error más común entre los traders, especialmente los principiantes, es pensar en cuánto pueden ganar en lugar de enfocarse en cuánto pueden perder. Este enfoque es una trampa peligrosa. Antes de entrar en cualquier operación, debes tener claro cuánto estás dispuesto a arriesgar y qué harás si las cosas no salen como esperas. Esto no es opcional; es la base de cualquier operación exitosa. Si no sabes cuánto puedes perder antes de abrir una posición, estás caminando a ciegas en un campo minado.

La primera regla de oro es nunca arriesgar más de lo que estás dispuesto a perder.

Parece obvio, pero muchos traders lo olvidan en cuanto ven una oportunidad que "seguro funcionará". Aquí está el problema: en el trading, no hay garantías. Incluso las operaciones que parecen perfectas pueden salir mal. Es por eso que debes establecer un límite de pérdida claro para cada operación. Una regla comúnmente aceptada es no arriesgar más del 1% de tu capital total en una sola operación. Esto significa que, si tienes una cuenta de 10,000 dólares, tu pérdida máxima en una operación debería ser de 100 dólares. Este límite puede parecer pequeño, pero es precisamente lo que te mantendrá en el juego a largo plazo.

Otra regla fundamental es definir tus límites de pérdida diarios y semanales. Supongamos que tienes un mal día y alcanzas tu límite de pérdida diaria. Lo más inteligente que puedes hacer es detenerte. Sí, sé que duele admitir que el día no salió como querías, pero forzar más operaciones para intentar recuperar lo perdido casi siempre termina en más pérdidas. Lo mismo aplica a nivel semanal. Si tienes una racha negativa, da un paso atrás, evalúa qué está pasando y vuelve al mercado con la mente clara. Recuerda, el trading es una maratón, no una carrera de velocidad.

Hablemos de los stop loss, esos pequeños héroes que muchos traders ignoran hasta que es demasiado tarde. Un stop loss es una orden que automáticamente cierra tu posición cuando el precio alcanza un nivel de pérdida predeterminado. En pocas palabras, es tu plan de escape si las cosas van mal. Pero aquí está la clave: no sirve de nada establecer un stop loss si no lo respetas. Uno de los peores errores que puedes cometer es mover tu stop loss más lejos para "darle espacio" a tu operación. Esto casi siempre termina en una pérdida mayor. Sé disciplinado. Si el precio alcanza tu stop loss, acepta la pérdida y sigue adelante.

Además del stop loss, es importante considerar el tamaño de tus posiciones. Aquí es donde muchos traders se meten en problemas. Ven una operación que parece prometedora y apuestan una parte desproporcionada de su cuenta. Esto es extremadamente peligroso. El tamaño de tu posición debe estar alineado con el riesgo que estás dispuesto a asumir. Por ejemplo, si estás dispuesto a arriesgar 100 dólares en una operación y tu stop loss está a 10 puntos del precio de entrada, entonces el tamaño de tu posición debería ser de 10 contratos o acciones (dependiendo del mercado). Es simple matemáticas, pero muchos lo ignoran porque están pensando en cuánto podrían ganar en lugar de cuánto podrían perder.

Otro aspecto crucial del control de riesgo es evitar el uso excesivo de apalancamiento. El apalancamiento puede ser un arma de doble filo. Sí, puede aumentar tus ganancias, pero también amplifica tus pérdidas. Y si no lo manejas con cuidado, puedes perder más de lo que tienes en tu cuenta. Antes de usar apalancamiento, asegúrate de entender completamente cómo funciona y de ajustar tus posiciones para que el riesgo siga siendo manejable. Nunca uses apalancamiento solo porque te permite operar con más dinero del que tienes; úsalo como una herramienta estratégica, no como un atajo para ganar más.

El control del riesgo también implica saber cuándo no operar. A veces, la mejor manera de proteger tu capital es simplemente quedarte fuera del mercado. Si estás emocionalmente afectado, cansado o no entiendes lo que está pasando en el mercado, no operes. Operar en estas condiciones es como jugar al póker sin mirar tus cartas. No tienes idea de lo que estás haciendo, y las probabilidades están en tu contra.

Finalmente, recuerda que el control del riesgo no es algo que haces una vez y luego olvidas. Es un hábito que debes cultivar en cada operación, todos los días. Requiere disciplina y, a veces, fuerza de voluntad para cerrar una posición con pérdida o aceptar que hoy no es tu día. Pero esa misma disciplina es la que te permitirá seguir en el juego a largo plazo y eventualmente alcanzar el éxito.

El control del riesgo no se trata de eliminar todas las pérdidas; eso es imposible. Se trata de asegurarte de que ninguna pérdida sea lo suficientemente grande como para sacarte del mercado. En el trading, la protección de tu capital siempre debe ser tu prioridad número uno. Si sigues estas reglas de oro, estarás construyendo una base sólida que te permitirá enfrentar los altibajos del mercado con confianza y control.

Cómo Elegir un Tamaño de Posición Seguro

Elegir el tamaño adecuado de tus posiciones es una de las decisiones más importantes que tomarás como trader. De hecho, este paso es lo que separa a los traders responsables de los que terminan destruyendo su cuenta en cuestión de días. Muchas veces, cuando los traders pierden dinero, no es porque su estrategia sea terrible, sino porque arriesgaron demasiado en una sola operación. Aquí es donde entra el arte de calcular el tamaño de posición de forma segura, una habilidad que no solo protege tu capital, sino que también te da la tranquilidad necesaria para tomar decisiones racionales.

Lo primero que debes entender es que el tamaño de tu posición debe estar directamente relacionado con el riesgo que estás dispuesto a asumir en cada operación. Una regla comúnmente utilizada es la regla del 1%. Esto significa que, en cada operación, no deberías arriesgar más del 1% de tu capital total. Por ejemplo, si tienes una cuenta de 10,000 dólares, tu pérdida máxima por operación debería ser de 100 dólares. Este límite puede parecer conservador, pero te asegura que una mala racha no acabe con tu cuenta.

Ahora bien, ¿cómo se traduce esto en el tamaño de tu posición? Aquí es donde necesitas un poco de matemáticas básicas. Supongamos que estás operando un activo y decides que tu stop loss estará a 10 puntos de tu precio de entrada. Esto significa que si el mercado se mueve 10 puntos en tu contra, saldrás de la operación. Si tu riesgo máximo es de 100 dólares, entonces el tamaño de tu posición debe ser tal que cada punto de movimiento te cueste 10 dólares. En este caso, operarías con 10 contratos, acciones o unidades, dependiendo del mercado en el que estés.

Hablemos ahora de por qué es tan importante respetar este cálculo. Imagina que decides ignorar esta regla y operas con el doble del tamaño recomendado porque sientes que "esta operación será ganadora". Si las cosas salen mal, en lugar de perder 100 dólares, ahora estarás perdiendo 200. Puede que no parezca gran cosa, pero si repites este error una y otra vez, tu cuenta se reducirá rápidamente. El trading no es un juego de emociones; es un juego de probabilidades. Y operar con un tamaño de posición adecuado es lo que asegura que las probabilidades estén a tu favor a largo plazo.

El siguiente punto importante es el apalancamiento. El apalancamiento te permite operar con más dinero del que realmente tienes en tu cuenta, lo que puede ser tentador, pero también extremadamente peligroso. Si no ajustas el tamaño de tu posición al riesgo que estás dispuesto a asumir, el apalancamiento puede amplificar tus pérdidas de manera devastadora. Por ejemplo, si utilizas un apalancamiento de 10:1 y pierdes un 1% del valor del activo, en realidad habrás perdido un 10% de tu cuenta. Antes de usar apalancamiento, asegúrate de entender sus riesgos y de calcular cuidadosamente el tamaño de tu posición.

Otro factor a considerar es la volatilidad del mercado. No todos los activos se mueven de la misma manera. Algunos tienen movimientos más grandes y bruscos, mientras que otros son más estables. Si estás operando un activo altamente volátil, tu stop loss probablemente estará más lejos para dar espacio a los movimientos naturales del precio. Esto significa que tu tamaño de posición deberá ser más pequeño para mantener el riesgo bajo control. Por otro lado, si operas un activo menos volátil, puedes permitirte un tamaño de posición más grande sin aumentar tu riesgo.

También es crucial revisar tu tamaño de posición si tu cuenta crece o disminuye. Si empiezas con una cuenta de 10,000 dólares y aplicas la regla del 1%, tus operaciones estarán limitadas a un riesgo de 100 dólares. Pero si tu cuenta baja a 8,000 dólares, ahora deberías estar arriesgando 80 dólares por operación. Esto puede parecer frustrante, pero es una medida necesaria para proteger tu capital. Del mismo modo, si tu cuenta crece a 15,000 dólares, puedes aumentar el riesgo por operación a 150 dólares, siempre respetando el mismo porcentaje.

Una de las claves para elegir un tamaño de posición seguro es la consistencia. No puedes cambiar tus reglas cada vez que sientas que "esta operación será diferente". El mercado no funciona así, y cuanto más cambies tus reglas, más probabilidades tendrás de cometer errores. Define un método claro para calcular tu tamaño de posición y síguelo al pie de la letra en cada operación. La disciplina es lo que convierte a los traders promedio en traders exitosos.

Finalmente, recuerda que el tamaño de posición no solo protege tu cuenta, sino que también protege tu mentalidad. Cuando operas con un tamaño adecuado, puedes aceptar las pérdidas como parte del proceso sin sentir que tu mundo se viene abajo. Esto es fundamental, porque las emociones descontroladas son uno de los mayores enemigos del trader. Si te encuentras operando con un tamaño de posición que te hace sentir demasiado ansioso o que te quita el sueño, es una señal de que estás arriesgando demasiado.

Elegir un tamaño de posición seguro puede parecer un tema aburrido comparado con las estrategias de trading y los gráficos, pero es uno de los pilares fundamentales para el éxito. Sin un manejo adecuado del tamaño de tus posiciones, incluso la mejor estrategia fallará. Tómate el tiempo para aprender y aplicar esta habilidad. A largo plazo, tu cuenta, tu confianza y tu carrera como trader te lo agradecerán.

Errores Comunes que Destruyen el Capital

El trading tiene un modo particular de humillar a quienes lo subestiman. Lo que comienza como una actividad llena de entusiasmo y expectativas de grandes ganancias puede convertirse rápidamente en una pesadilla si no tienes cuidado. Y la razón principal no es el mercado, sino los errores que cometemos los traders. Estos errores no solo son comunes, sino también devastadores. Pueden destruir tu capital antes de que siquiera te des cuenta de lo que estás haciendo mal. Si quieres sobrevivir en el mundo del trading, primero debes aprender a reconocer y evitar estos errores.

Uno de los errores más comunes y peligrosos es operar sin un plan. Entrar al mercado sin una estrategia clara es como subirte a un bote sin remos en medio de una tormenta. Cada operación que haces debería ser parte de un plan previamente definido, que incluya tus reglas de entrada, salida, tamaño de posición y manejo del riesgo. Pero muchos traders, especialmente los principiantes, entran al mercado porque sienten que "tienen que hacer algo" o porque "esta oportunidad se ve bien". Operar de esta manera es jugar a la lotería. Puede que tengas suerte una o dos veces, pero a largo plazo, perderás más de lo que ganas.

Otro error frecuente es sobreoperar. Esto sucede cuando entras en demasiadas operaciones, a menudo sin razones válidas. A veces es porque estás aburrido, otras porque intentas recuperar una pérdida reciente, y otras simplemente porque crees que cuanto más operes, más dinero ganarás. Pero el trading no funciona así. Más operaciones no significan más ganancias, y cada vez que entras al mercado, estás asumiendo un riesgo. Sobreoperar no solo drena tu cuenta, sino que también te desgasta emocionalmente, llevándote a cometer aún más errores.

La falta de disciplina es otro enemigo mortal del trader. Esto se manifiesta de muchas maneras: ignorar tu stop loss, moverlo más lejos para evitar una pérdida, no seguir tus propias reglas o quedarte en una operación más tiempo del necesario porque "el mercado tiene que girar". Cada vez que rompes una regla, estás enviando un mensaje a ti mismo de que las emociones están al mando, no tu plan. Y en el trading, actuar impulsivamente es una receta para el desastre. La disciplina no es opcional; es la base de todo trader exitoso.

El apalancamiento excesivo es otro error que destruye cuentas rápidamente. El apalancamiento puede parecer atractivo porque te permite controlar más dinero del que realmente tienes, pero también amplifica las pérdidas. Muchos traders nuevos se ven tentados por la posibilidad de ganar grandes cantidades en poco tiempo y se olvidan de que el apalancamiento no perdona errores. Una mala operación con un apalancamiento alto puede borrar semanas, incluso meses de ganancias, en cuestión de minutos. Si no entiendes cómo usar el apalancamiento de manera responsable, es mejor que no lo uses en absoluto.

Luego está el problema de no aceptar las pérdidas. Ningún trader, por bueno que sea, gana en todas las operaciones. Sin embargo, algunos traders se niegan a aceptar que han cometido un error y dejan que las pérdidas crezcan, esperando que el mercado "se recupere". Esto es extremadamente peligroso. Cada operación que haces debe tener un límite claro de cuánto estás dispuesto a perder. Si el precio llega a ese punto, debes salir, sin excusas. Aferrarte a una operación perdedora no solo te cuesta dinero, sino que también afecta tu confianza y tu capacidad de tomar decisiones racionales en el futuro.

Otro error clásico es operar basándote en emociones como el miedo y la codicia. Por ejemplo, después de una pérdida, es común sentir la necesidad de "recuperar" lo perdido rápidamente. Esto puede llevarte a entrar en operaciones impulsivas, sin analizar correctamente el mercado. Por otro lado, después de una racha de ganancias, es fácil sentirse invencible y empezar a tomar riesgos innecesarios, como aumentar el tamaño de tus posiciones o ignorar tus reglas. En ambos casos, las emociones nublan tu juicio y te empujan a tomar decisiones poco inteligentes.

La falta de preparación es otro problema grave. Muchos traders entran al mercado sin entender realmente lo que están haciendo. No estudian los activos que operan, no se toman el tiempo para analizar el mercado y no prueban sus estrategias antes de usarlas con dinero real. El trading no es un juego; es un negocio. Y como cualquier negocio, requiere preparación, estudio y práctica. Si no estás dispuesto a invertir tiempo en aprender, el mercado te lo hará pagar con pérdidas.

También está el error de ignorar la gestión de capital. Muchos traders piensan únicamente en las ganancias potenciales y se olvidan de proteger su dinero. No usan stop loss, arriesgan demasiado en una sola operación o no diversifican sus riesgos. Pero el trading no se trata solo de cuánto puedes ganar, sino de cuánto puedes conservar. Proteger tu capital es la regla número uno, porque sin capital, no puedes operar.

Finalmente, uno de los errores más insidiosos es no llevar un registro de tus operaciones. Si no llevas un diario de trading donde anotes cada operación, incluyendo el porqué la hiciste, cómo salió y qué aprendiste, estás perdiendo una de las herramientas más valiosas para mejorar. Un diario te ayuda a identificar patrones en tu comportamiento, tanto positivos como negativos, y te permite corregir errores antes de que se conviertan en hábitos destructivos.

El trading es un juego mental tanto como técnico. Los errores comunes que destruyen el capital no siempre tienen que ver con estrategias fallidas, sino con decisiones impulsivas, falta de disciplina y una mentalidad equivocada. Aprender a reconocer estos errores y, lo más importante, a corregirlos, es lo que marcará la diferencia entre ser un trader que sobrevive y prospera, o uno que se queda en el camino. Recuerda, no puedes controlar el mercado, pero sí puedes controlar cómo te comportas en él. Y eso es lo que, al final, determinará tu éxito.

El Poder de los Stop Loss

En el mundo del trading, pocas herramientas son tan importantes y a la vez tan subestimadas como el stop loss. Para muchos principiantes, el concepto de aceptar una pérdida de manera voluntaria parece extraño o incluso innecesario. ¿Por qué cerraría una operación con pérdida cuando el mercado podría girar a mi favor en cualquier momento? Esta mentalidad es el comienzo de una espiral descendente. No usar un stop loss es como conducir sin frenos en una carretera con curvas. Puede que llegues a tu destino unas cuantas veces, pero tarde o temprano tendrás un accidente.

El stop loss no es un simple botón en tu plataforma de trading; es tu salvavidas en el mercado. Es una orden automática que se activa cuando el precio alcanza un nivel predefinido, cerrando tu posición para limitar las pérdidas. Pero su verdadero poder no está solo en proteger tu capital, sino también en proteger tu mentalidad. Sin un stop loss, cada operación se convierte en un constante tira y afloja emocional, donde las dudas, el miedo y la esperanza toman el control. Con un stop loss, liberas tu mente de esa carga.

Uno de los mayores errores que cometen los traders es pensar que pueden "supervisar" sus operaciones en lugar de usar un stop loss. Se dicen a sí mismos que estarán atentos y cerrarán la operación manualmente si las cosas van mal. Pero la realidad es que cuando el precio se mueve rápidamente en tu contra, es fácil congelarse o caer en el pensamiento mágico de que "todo mejorará". Antes de que te des cuenta, la pérdida que podrías haber controlado se ha salido de control. El stop loss elimina esta incertidumbre al actuar sin emociones, justo cuando más lo necesitas.

Establecer un stop loss no significa que aceptes perder, significa que aceptas que no tienes control sobre el mercado. Ningún trader, por experimentado que sea, puede predecir cada movimiento del mercado con precisión. Habrá momentos en los que el mercado irá en tu contra, sin importar cuán buena sea tu estrategia o cuánta investigación hayas hecho. El stop loss no es un reconocimiento de derrota, sino una herramienta para protegerte de los imprevistos.

Una de las claves para usar los stop loss de manera efectiva es colocarlos en un lugar estratégico. No deberías establecer un stop loss basado únicamente en un número aleatorio, como perder 50 o 100 dólares. En su lugar, debe estar basado en la lógica del mercado, como niveles clave de soporte o resistencia, patrones técnicos o volatilidad reciente. Esto te asegura que el stop loss esté lo suficientemente lejos como para darle espacio al precio para moverse de manera natural, pero no tan lejos como para arriesgar demasiado capital.

Otro aspecto importante es no mover tu stop loss una vez que lo has establecido. Este es un error común que puede ser desastroso. Imagina que decides mover tu stop loss más lejos porque piensas que el mercado "seguro" cambiará a tu favor. Lo que estás haciendo en realidad es aumentar tu riesgo sin ninguna garantía de que las cosas mejoren. Si el precio llega a tu stop loss original, significa que tu análisis estaba equivocado. Acepta la pérdida y sigue adelante. Mover el stop loss no es una solución; es una excusa para evitar enfrentar la realidad.

El stop loss también te ayuda a mantener la disciplina en momentos de alta volatilidad. Los mercados pueden ser caóticos, especialmente durante eventos de noticias o en períodos de incertidumbre económica. En estos momentos, los precios pueden moverse rápidamente, haciendo que incluso los traders más experimentados se sientan nerviosos. Tener un stop loss en su lugar significa que no necesitas tomar decisiones impulsivas en el calor del momento. Tu plan ya está en marcha, y tu riesgo está controlado.

Además, usar un stop loss te permite pensar en el trading como un juego de probabilidades. No necesitas ganar en todas las operaciones para ser rentable. De hecho, muchos traders exitosos tienen una tasa de éxito de solo el 50% o menos. Lo que los hace rentables no es la cantidad de operaciones ganadoras, sino cómo manejan las pérdidas. Un stop loss asegura que ninguna pérdida sea lo suficientemente grande como para borrar las ganancias de varias operaciones exitosas.

El poder del stop loss también se extiende a tu confianza como trader. Cuando sabes que tienes un mecanismo para limitar tus pérdidas, puedes operar con menos miedo. Esto no significa que te vuelvas descuidado, pero sí significa que puedes tomar decisiones sin la constante preocupación de que una sola operación arruine tu cuenta. Este nivel de confianza es esencial para operar de manera consistente y objetiva.

Es importante mencionar que no usar un stop loss también afecta tu cuenta a largo plazo. Una sola pérdida grande puede llevarte semanas o meses de ganancias para recuperarte, y eso si tienes la suerte de no destruir tu cuenta por completo. Por otro lado, usar un stop loss te permite mantener tu capital relativamente estable, incluso durante períodos difíciles. Esto significa que puedes seguir en el juego el tiempo suficiente para aprender, mejorar y aprovechar oportunidades futuras.

Algunos traders se quejan de que el mercado a menudo parece "cazar" sus stop loss antes de moverse en la dirección esperada. Si bien esto puede ser frustrante, a menudo es una señal de que el stop loss se colocó en un nivel demasiado obvio o cercano. Esto se puede solucionar ajustando tus niveles de stop loss con más cuidado y considerando factores como la volatilidad del mercado. Pero incluso si tu stop loss es activado ocasionalmente, recuerda que está cumpliendo su propósito: limitar tus pérdidas.

El trading no se trata de evitar todas las pérdidas, eso es imposible. Se trata de controlar cuánto pierdes cuando las cosas no salen como esperas. Esa es la esencia del stop loss. No es una herramienta mágica que garantiza el éxito, pero es un escudo que te protege de ti mismo y de la naturaleza impredecible del mercado. Si aprendes a usarlo de manera efectiva, no solo protegerás tu capital, sino que también mejorarás tu mentalidad y tu disciplina como trader.

En el fondo, el poder del stop loss radica en la libertad que te da. Te libera de la ansiedad de vigilar constantemente el mercado, de las emociones destructivas que surgen cuando una operación va mal y de la posibilidad de que una sola decisión equivocada destruya tu cuenta.

No subestimes esta herramienta. Es una de las pocas cosas en el trading que realmente está bajo tu control. Y, en un mercado donde el control es escaso, eso es algo invaluable.

La Importancia de la Paciencia en la Entrada

La paciencia es una de las cualidades más subestimadas en el trading, especialmente cuando se trata de las entradas al mercado. En un mundo donde todo parece girar a velocidades vertiginosas y donde los mercados están en constante movimiento, esperar el momento adecuado para entrar puede parecer una pérdida de tiempo. Pero aquí está la verdad: la paciencia en la entrada no es solo una virtud, es una herramienta estratégica que separa a los traders consistentes de aquellos que simplemente están apostando.

Imagina que estás cazando en un bosque. No disparas a cualquier cosa que se mueva, ¿verdad? Primero observas, estudias el entorno, analizas el comportamiento de tu presa y esperas el momento perfecto para actuar. En el trading, la situación es similar. Si entras al mercado en cualquier momento, sin esperar una señal clara o una confirmación de tu análisis, lo más probable es que termines en el lado equivocado de la operación.

Muchos traders, especialmente los principiantes, se sienten presionados a estar constantemente en el mercado. Piensan que cada minuto que no están operando es una oportunidad perdida. Esta mentalidad los lleva a entrar en operaciones impulsivas, sin una justificación sólida o un análisis adecuado. Pero la realidad es que el mercado siempre estará ahí. Siempre habrá otra oportunidad. El problema no es perder una operación potencial, sino entrar en el momento equivocado y terminar perdiendo dinero.

La paciencia en la entrada comienza con tener un plan claro. Antes de siquiera mirar los gráficos, debes saber exactamente qué estás buscando. Tal vez sea un patrón técnico, una ruptura de un nivel clave o una confirmación en un indicador. Sea lo que sea, necesitas tener una imagen clara en tu mente de cómo debería verse tu operación ideal. Y luego, necesitas esperar hasta que esa imagen se materialice en el mercado. Esto puede ser frustrante, especialmente cuando ves que el precio se mueve y sientes que te estás perdiendo algo. Pero entrar antes de tiempo, solo por impaciencia, generalmente resulta en pérdidas.

Un error común entre los traders impacientes es perseguir el precio. Esto sucede cuando ves que el mercado se mueve rápidamente en una dirección y, en lugar de esperar un retroceso o una confirmación, decides entrar impulsivamente por miedo a perderte la oportunidad. El problema es que el mercado no se mueve en línea recta. Incluso en una fuerte tendencia, habrá retrocesos y consolidaciones. Si entras en el momento equivocado, justo antes de un retroceso, terminarás atrapado en una operación perdedora, incluso si el movimiento general va en la dirección que esperabas.

Otro aspecto clave de la paciencia es esperar a que el mercado confirme tu análisis. A veces, tienes una idea clara de lo que podría suceder, pero el mercado aún no ha dado señales de que va en esa dirección. Por ejemplo, puedes identificar un nivel de resistencia importante y anticipar que el precio se revertirá cuando lo toque. Pero si entras antes de que el precio muestre signos de reversión, estás asumiendo riesgos innecesarios. Tal vez el precio atraviese la resistencia y continúe subiendo, y tú quedarás atrapado en una operación perdedora.

La paciencia en la entrada también está estrechamente ligada al control emocional. Es fácil sentirse ansioso cuando estás frente a la pantalla, viendo cómo los precios se mueven constantemente. Puede parecer que todos los demás están ganando dinero mientras tú esperas. Pero aquí es donde necesitas recordar que el trading no es una carrera. No se trata de quién hace más operaciones, sino de quién toma las decisiones más inteligentes. Cada vez que sientas la tentación de apresurarte, haz una pausa y pregúntate si estás actuando según tu plan o según tus emociones.

Una forma práctica de cultivar la paciencia es establecer reglas claras para tus entradas. Por ejemplo, si estás operando una ruptura, puedes decidir que solo entrarás después de que el precio cierre por encima de un nivel clave y confirme el movimiento en el siguiente marco temporal. Estas reglas te ayudan a evitar la impulsividad y a esperar las condiciones ideales. Sí, puede que pierdas algunas operaciones porque el mercado se mueve sin darte la confirmación que esperabas. Pero también evitarás muchas operaciones malas que habrían resultado en pérdidas.

Además, es importante recordar que la paciencia no significa inactividad. Mientras esperas la entrada perfecta, puedes usar ese tiempo para analizar el mercado, ajustar tu plan y prepararte mentalmente. La espera no es tiempo perdido; es una inversión en tomar decisiones mejor informadas.

También debes entender que ser paciente no garantiza que todas tus operaciones sean ganadoras. Habrá ocasiones en las que esperes pacientemente una configuración perfecta, entres en el mercado, y aun así pierdas. Esto es parte del trading. La paciencia no elimina el riesgo, pero sí lo reduce al asegurarte de que solo tomas operaciones que tienen sentido desde el punto de vista de tu estrategia.

Por último, recuerda que el trading no se trata de operar todo el tiempo, sino de operar bien. Un trader paciente puede hacer menos operaciones, pero su tasa de éxito será mayor porque cada entrada estará cuidadosamente seleccionada. La paciencia es una forma de disciplina, y la disciplina es lo que a largo plazo separa a los traders rentables de los que pierden dinero.

En el fondo, la paciencia en la entrada no es solo una habilidad técnica, es una mentalidad. Es la capacidad de aceptar que no necesitas estar en el mercado constantemente para ganar dinero. Es entender que las mejores oportunidades a menudo requieren tiempo para desarrollarse. Y es confiar en tu plan lo suficiente como para no sentir la necesidad de apresurarte. Si puedes cultivar esta mentalidad, no solo protegerás tu capital, sino que también mejorarás tu capacidad para tomar decisiones racionales y consistentes en un entorno tan caótico como el mercado.

Evitar el Trading Emocional

El trading emocional es uno de los mayores enemigos de cualquier trader. No importa cuán buena sea tu estrategia, cuántos libros hayas leído o cuánto tiempo lleves operando, si dejas que las emociones tomen el control, el resultado será desastroso. El mercado no tiene emociones, no le importa lo que sientes ni cómo reaccionas. Es completamente neutral. Pero nosotros, como seres humanos, estamos cargados de emociones, y eso puede convertirse en un problema grave si no aprendemos a controlarlas.

Operar con emociones significa tomar decisiones basadas en el miedo, la codicia, la esperanza o incluso el enojo, en lugar de hacerlo basándote en tu plan y en el análisis objetivo. Por ejemplo, cuando pierdes una operación y sientes el impulso de recuperar lo perdido de inmediato, probablemente entrarás en una nueva operación sin analizar bien el mercado. Este tipo de comportamiento, conocido como "trading de revancha", es una receta segura para aumentar tus pérdidas.

Por otro lado, la codicia también puede nublar tu juicio. Supongamos que estás en una operación ganadora. Tu plan dice que debes salir en cierto punto, pero decides quedarte más tiempo porque quieres exprimir cada centavo posible. El problema es que el mercado puede cambiar en cualquier momento, y lo que era una ganancia sólida puede convertirse rápidamente en una pérdida. La codicia te hace romper tus propias reglas y asumir riesgos innecesarios.

El miedo es otra emoción que puede paralizarte. Tal vez tu análisis te dice que debes entrar en una operación, pero el miedo a perder dinero te detiene. O tal vez ya estás en una operación y, aunque todo indica que el mercado se moverá a tu favor, decides cerrar antes de tiempo por miedo a perder las ganancias acumuladas. El resultado es que, en lugar de seguir tu plan, permites que tus emociones te guíen, y esto rara vez termina bien.

Entonces, ¿cómo evitar el trading emocional? El primer paso es reconocer que no puedes eliminar por completo las emociones. Somos humanos, y las emociones forman parte de nuestra naturaleza. Pero lo que sí puedes hacer es aprender a manejarlas para que no interfieran con tus decisiones. Esto comienza con tener un plan claro y seguirlo al pie de la letra. Un plan te da un marco de referencia objetivo para actuar, incluso cuando tus emociones están en su punto más alto.

Por ejemplo, si tu plan dice que debes salir de una operación cuando el precio alcance cierto nivel, hazlo sin dudar. No permitas que la esperanza de que el mercado suba más o el miedo de que baje te haga cambiar de opinión. La clave es confiar en tu análisis y en las reglas que estableciste cuando estabas en un estado mental calmado.

Otra herramienta poderosa para evitar el trading emocional es establecer límites claros antes de operar. Esto incluye definir cuánto estás dispuesto a perder en cada operación, cuánto tiempo planeas mantener una posición abierta y cuáles son tus objetivos de ganancias. Estos límites te ayudan a mantener la disciplina y te impiden tomar decisiones impulsivas en el momento.

También es fundamental llevar un diario de trading. Anotar cada operación, junto con las razones por las que la tomaste y cómo te sentiste en ese momento, te ayudará a identificar patrones en tu comportamiento. Tal vez descubras que tiendes a operar impulsivamente después de una pérdida o que te aferras demasiado tiempo a las operaciones ganadoras. Al ser consciente de estos patrones, puedes tomar medidas para corregirlos.

El manejo del estrés es otro aspecto crucial. El trading es una actividad intensa, y es fácil sentirse abrumado cuando el mercado no se comporta como esperabas. Practicar técnicas de relajación, como la respiración profunda o la meditación, puede ayudarte a mantener la calma incluso en momentos difíciles. También es importante tomarte descansos regulares y asegurarte de que no estás operando cuando estás cansado o emocionalmente agotado.

Recuerda que el trading emocional no solo afecta tus resultados financieros, sino también tu bienestar mental. Operar bajo estrés constante o frustración puede llevarte al agotamiento y hacer que pierdas la pasión por el trading. Por eso, es fundamental cuidar de ti mismo y asegurarte de que estás en el estado mental adecuado antes de operar.

Un error común es pensar que solo los principiantes son vulnerables al trading emocional. La realidad es que incluso los traders experimentados pueden caer en esta trampa si no son cuidadosos. Tal vez tengas años de experiencia y una cuenta sólida, pero si permites que la codicia o el miedo tomen el control, tus resultados pueden deteriorarse rápidamente.

Finalmente, es importante aceptar que no puedes controlar el mercado. No importa cuán bueno sea tu análisis o cuánta experiencia tengas, siempre habrá factores que están fuera de tu control. Aceptar esto te ayudará a liberar la carga emocional de intentar prever cada movimiento del mercado. En lugar de enfocarte en lo que no puedes controlar, concéntrate en lo que sí está en tus manos: tu estrategia, tu gestión de riesgo y tu disciplina.

El trading emocional es un problema que afecta a todos en algún momento, pero no tiene que ser tu ruina. Con un plan sólido, límites claros, un buen manejo del estrés y la disposición para aprender de tus errores, puedes minimizar su impacto y tomar decisiones más racionales. Al final del día, el mercado no premia a quienes reaccionan impulsivamente; premia a quienes operan con paciencia, lógica y autocontrol. Y esas son cualidades que, aunque no nacen de manera natural, pueden cultivarse con el tiempo.

Gestión de Noticias y Eventos del Mercado

En el trading, las noticias y los eventos del mercado son como olas en el océano: a veces pequeñas y manejables, otras veces enormes y peligrosas. Pueden mover los precios en segundos, desafiando incluso los análisis más detallados. Si no sabes cómo manejarlas, las noticias pueden convertirse en una trampa mortal para tu cuenta. Pero si aprendes a gestionarlas correctamente, puedes evitar sorpresas desagradables y, en ocasiones, incluso aprovecharlas a tu favor.

Para empezar, es importante entender que no todas las noticias tienen el mismo impacto. Algunas pueden mover el mercado de forma significativa, como los reportes de empleo en Estados Unidos, las decisiones de tasas de interés de los bancos centrales o los anuncios inesperados de grandes empresas. Otras, como declaraciones políticas menores o rumores no confirmados, suelen tener un impacto más limitado. La clave está en identificar cuáles son las noticias realmente importantes y cuáles puedes ignorar.

El primer paso para gestionar las noticias es estar informado. Esto no significa que debas pasar todo el día leyendo cada titular que aparece en los medios, pero sí necesitas tener un calendario económico actualizado y saber qué eventos están programados para cada día. Los calendarios económicos suelen destacar los eventos más importantes y clasificar su impacto potencial en el mercado. Por ejemplo, un informe de inflación puede tener un impacto alto, mientras que una reunión política puede tener un impacto bajo. Tener esta información te permite prepararte y planificar tus operaciones.

Cuando sabes que se avecina una noticia importante, es crucial ajustar tu estrategia. Una de las primeras decisiones que debes tomar es si quieres operar durante el evento o mantenerte al margen. Muchos traders experimentados prefieren no operar durante las noticias de alto impacto, porque los movimientos del mercado pueden ser extremadamente volátiles y difíciles de predecir. En esos momentos, los precios pueden moverse de forma violenta en ambas direcciones, activando stop loss antes de que tengas la oportunidad de reaccionar. Si decides no operar, asegúrate de cerrar tus posiciones antes del evento para evitar riesgos innecesarios.

Por otro lado, si decides operar durante las noticias, necesitas ser consciente de los riesgos y tener un plan sólido. En estos casos, es fundamental reducir el tamaño de tus posiciones para limitar las posibles pérdidas. Además, considera ampliar los niveles de stop loss para darle más espacio al mercado y evitar ser eliminado por movimientos bruscos. Sin embargo, esto debe hacerse con cuidado, ya que ampliar el stop loss también significa que estás asumiendo un mayor riesgo por operación.

Otra estrategia clave es evitar operar en los momentos inmediatamente anteriores y posteriores a una noticia importante. Justo antes del anuncio, el mercado suele entrar en un estado de anticipación, con movimientos erráticos que no siguen ninguna lógica clara. Después del anuncio, el mercado puede reaccionar de forma inesperada, incluso si los resultados eran predecibles. Esto ocurre porque no solo importa el contenido de la noticia, sino también cómo se compara con las expectativas del mercado. Por ejemplo, si un banco central mantiene las tasas de interés como se esperaba, el mercado podría reaccionar de manera negativa si los traders esperaban señales de un cambio futuro.

Además de las noticias programadas, como reportes económicos y decisiones de bancos centrales, también debes estar preparado para las noticias inesperadas. Estas pueden incluir desastres naturales, conflictos geopolíticos o anuncios sorpresa de grandes empresas. Aunque es imposible predecir estos eventos, puedes limitar su impacto en tu cuenta siguiendo reglas de gestión de riesgo estrictas, como nunca arriesgar más de un pequeño porcentaje de tu capital en una sola operación.

Un error común entre los traders principiantes es tratar de interpretar todas las noticias y usarlas como base para sus operaciones. El problema es que no todas las noticias tienen un impacto claro o inmediato en el mercado. Además, los mercados no siempre reaccionan de la forma que podrías esperar. Por ejemplo, una noticia positiva sobre la economía de un país no siempre lleva a un aumento en el valor de su moneda, porque otros factores también están en juego.

Es por eso que, en lugar de intentar predecir cómo reaccionará el mercado ante una noticia, es mejor enfocarte en cómo el mercado está reaccionando en tiempo real. Observa el comportamiento del precio y busca señales claras antes de tomar decisiones. Esto se llama operar la reacción en lugar de la noticia. En lugar de adivinar, estás dejando que el mercado te muestre hacia dónde quiere ir.

Otro aspecto importante de gestionar las noticias es mantener la calma. Los eventos de alto impacto pueden ser emocionantes, pero también son momentos en los que es fácil perder la cabeza. Ver un gráfico moverse rápidamente puede hacer que quieras entrar de inmediato para no "perderte la acción". Sin embargo, estas decisiones impulsivas suelen llevar a errores costosos. Tómate un momento para respirar, analiza la situación y sigue tu plan.

Finalmente, recuerda que las noticias y los eventos del mercado son solo una parte del panorama general. Aunque pueden causar movimientos significativos a corto plazo, la mayoría de las tendencias a largo plazo están impulsadas por factores fundamentales y técnicos más amplios. No te obsesiones con cada noticia y, en su lugar, enfócate en operar de acuerdo con tu estrategia y tus objetivos a largo plazo.

La gestión de noticias y eventos del mercado no se trata de evitar el riesgo por completo, sino de manejarlo de manera inteligente. Si puedes aprender a identificar los eventos importantes, ajustar tu estrategia y mantener la disciplina, estarás mejor preparado para enfrentar los desafíos y las oportunidades que surgen en un mercado tan dinámico. Al final, el objetivo no es ganarle al mercado, sino operar con confianza y consistencia, incluso en los momentos más inciertos.

Cómo Diseñar un Plan de Trading a Prueba de Errores

Tener un plan de trading sólido es como construir una casa sobre cimientos firmes. Sin un plan, tus decisiones estarán basadas en impulsos, emociones y suposiciones, lo que tarde o temprano llevará a errores costosos. Diseñar un plan de trading a prueba de errores no significa que nunca experimentarás pérdidas, pero sí te permitirá minimizar riesgos y actuar con consistencia, incluso en las condiciones de mercado más impredecibles. Este capítulo te ayudará a entender cómo crear un plan detallado, práctico y adaptable, que te sirva como una brújula en tu camino como trader.

El primer paso para diseñar un plan de trading es definir tus objetivos. Esto va más allá de decir "quiero ganar dinero". Tus objetivos deben ser específicos, medibles y realistas. Por ejemplo, podrías establecer metas como ganar un porcentaje determinado de tu capital al mes o reducir tus pérdidas a menos de cierto porcentaje por operación. También es importante pensar en tus metas a largo plazo: ¿estás buscando convertirte en un trader profesional o simplemente complementar tus ingresos actuales? Tener claridad sobre tus objetivos te ayudará a estructurar tu plan en torno a ellos.

Una vez que tengas tus objetivos claros, el siguiente paso es definir tu estrategia. Aquí es donde decides cómo y cuándo operar. Tu estrategia debe basarse en un análisis detallado de los mercados que planeas operar. Esto incluye identificar qué instrumentos financieros vas a negociar, qué marcos temporales prefieres y qué tipo de análisis utilizarás, ya sea técnico, fundamental o una combinación de ambos. Por ejemplo, podrías decidir operar acciones basándote en análisis técnico, utilizando gráficos de cuatro horas y buscando patrones de ruptura.

Es importante que tu estrategia sea simple y que puedas explicarla en unas pocas frases. Si necesitas demasiadas condiciones para justificar una operación, será difícil seguir tu plan de manera consistente. Además, debes probar tu estrategia antes de implementarla con dinero real. Esto se llama backtesting, y consiste en aplicar tu estrategia a datos históricos para ver cómo habría funcionado en el pasado. Aunque el backtesting no garantiza resultados futuros, te dará una idea de la viabilidad de tu estrategia y te ayudará a identificar posibles debilidades.

El tercer componente de un plan de trading a prueba de errores es la gestión del riesgo. Este es probablemente el aspecto más importante de tu plan, porque incluso la mejor estrategia puede fallar si no sabes manejar el riesgo. Una regla fundamental es nunca arriesgar más de un pequeño porcentaje de tu capital en una sola operación, generalmente entre uno y tres por ciento. Esto asegura que puedas sobrevivir a una racha de pérdidas sin destruir tu cuenta.

Además, necesitas establecer reglas claras para determinar el tamaño de tus posiciones. Esto se conoce como gestión del tamaño de la posición y está directamente relacionado con el nivel de riesgo que estás dispuesto a asumir. Por ejemplo, si tienes una cuenta de diez mil dólares y decides arriesgar un dos por ciento por operación, esto significa que no debes perder más de doscientos dólares en ninguna operación. A partir de este número, puedes calcular el tamaño de tu posición dependiendo del nivel de stop loss que elijas.

Un buen plan de trading también debe incluir reglas para las entradas y salidas del mercado. Esto significa definir las condiciones exactas que deben cumplirse antes de abrir una posición y los criterios que usarás para cerrarla. Por ejemplo, podrías decidir entrar en una operación solo cuando un precio rompa un nivel de soporte clave con volumen elevado, y salir si el precio retrocede más allá de un nivel específico. Tener estas reglas te ayudará a evitar la impulsividad y a mantener la disciplina, incluso en momentos de alta volatilidad.

Otro elemento clave de tu plan es la gestión emocional. El mercado pondrá a prueba tus emociones una y otra vez, y si no estás preparado, es fácil caer en patrones de comportamiento destructivos. Tu plan debe incluir estrategias para mantener la calma, como tomarte un descanso después de una serie de pérdidas o establecer límites de tiempo para tus sesiones de trading. También puedes incluir recordatorios para ti mismo, como anotar tus reglas más importantes y tenerlas a la vista mientras operas.

Además, un plan de trading a prueba de errores debe ser flexible. Los mercados cambian constantemente, y una estrategia que funciona bien hoy podría no ser efectiva mañana. Esto no significa que debas cambiar tu plan cada vez que tengas una pérdida, pero sí debes estar dispuesto a revisarlo y ajustarlo periódicamente. Por ejemplo, podrías evaluar tu plan cada tres meses para asegurarte de que sigue siendo relevante y adaptarlo según sea necesario.

Llevar un registro detallado de tus operaciones también es fundamental. Un diario de trading te permitirá analizar qué estás haciendo bien y qué necesitas mejorar. En tu diario, anota cada operación, incluyendo la razón por la que entraste, cómo te sentiste durante la operación y cómo terminó. Con el tiempo, este registro se convertirá en una valiosa herramienta para aprender de tus errores y reforzar tus puntos fuertes.

Finalmente, recuerda que el éxito en el trading no se mide solo por las ganancias que generas, sino por tu capacidad para operar de manera consistente y disciplinada a lo largo del tiempo. Un plan de trading a prueba de errores no es una garantía de éxito inmediato, pero es una base sólida sobre la que puedes construir una carrera rentable. La clave está en seguir tu plan de manera rigurosa, aprender de cada experiencia y nunca dejar de mejorar.

Diseñar un plan de trading puede parecer un trabajo tedioso, pero es una inversión en tu futuro como trader. Es el mapa que te guiará en un camino lleno de incertidumbre y te ayudará a evitar decisiones impulsivas y costosas. Al final, el tiempo y el esfuerzo que dediques a construir un plan sólido te ahorrarán años de frustración y errores evitables. Así que tómate el tiempo necesario, sé honesto contigo mismo y crea un plan que se convierta en tu mejor aliado en el mercado.

La Ventaja del Backtesting y Forward Testing

Cuando se trata de trading, no hay espacio para las suposiciones o los experimentos improvisados con dinero real. Una estrategia que no ha sido probada adecuadamente es como conducir un auto con los ojos cerrados, esperando que todo salga bien. Aquí es donde entran en juego dos herramientas esenciales para cualquier trader: el backtesting y el forward testing. Estos procesos no solo te ayudan a validar tu estrategia, sino que también construyen tu confianza y te preparan para enfrentar los mercados con un enfoque más profesional y disciplinado.

El backtesting, como su nombre lo indica, consiste en probar una estrategia utilizando datos históricos del mercado. Básicamente, tomas tu estrategia y ves cómo habría funcionado en el pasado. Esto te permite analizar su rendimiento bajo diferentes condiciones del mercado sin arriesgar dinero real. Pero no se trata solo de mirar números y gráficos; se trata de entender si tu estrategia es sólida, consistente y capaz de generar resultados positivos a lo largo del tiempo. El objetivo no es encontrar una estrategia que nunca pierda, porque eso no existe, sino asegurarte de que las ganancias superen las pérdidas de manera constante.

Para realizar un backtesting efectivo, necesitas tener muy claras las reglas de tu estrategia. Por ejemplo, si tu estrategia dice que debes entrar en una operación cuando el precio cruza la media móvil de 50 periodos hacia arriba, entonces debes aplicar exactamente esa regla a los datos históricos. No ajustes las reglas a medida que avanzas ni hagas excepciones. El propósito del backtesting es evaluar la estrategia tal como está definida, no hacerla encajar a la fuerza con los resultados que deseas ver.

El backtesting no solo te muestra si tu estrategia es rentable, sino que también te ayuda a entender sus puntos débiles. Tal vez descubras que funciona bien en mercados en tendencia, pero no en mercados laterales. O quizás encuentres que los costos de transacción, como los spreads y las comisiones, reducen significativamente tus ganancias. Estos descubrimientos son valiosos porque te permiten ajustar tu estrategia y mejorarla antes de implementarla en tiempo real.

Una vez que has realizado un backtesting y tienes resultados positivos, el siguiente paso es el forward testing. Este proceso implica probar tu estrategia en tiempo real, pero en un entorno controlado, como una cuenta demo. Aquí es donde llevas tu estrategia al presente y ves cómo se desempeña en las condiciones actuales del mercado. A diferencia del backtesting, donde conoces el resultado porque los datos son históricos, en el forward testing estás enfrentándote a la incertidumbre del mercado en tiempo real. Esto te permite evaluar no solo la efectividad de tu estrategia, sino también tu capacidad para ejecutarla correctamente.

El forward testing es especialmente útil para identificar problemas que podrían no ser evidentes en el backtesting. Por ejemplo, tal vez descubras que es difícil seguir tus reglas cuando el mercado se mueve rápido o que necesitas ajustar tus niveles de stop loss porque el mercado actual tiene más volatilidad que los datos históricos que usaste. También te ayuda a evaluar cómo manejas las emociones al operar, ya que aunque no estés arriesgando dinero real, la presión de tomar decisiones en tiempo real sigue estando presente.

Una de las ventajas clave del forward testing es que te obliga a ser disciplinado. Cuando operas en una cuenta demo, debes tratarla como si fuera dinero real. Esto significa seguir tu estrategia al pie de la letra, registrar cada operación y evitar tomar decisiones impulsivas. Si no puedes ser disciplinado en una cuenta demo, será aún más difícil serlo con dinero real. El forward testing es, en muchos sentidos, un entrenamiento para el trader, ayudándote a desarrollar los hábitos correctos y a identificar cualquier debilidad en tu enfoque.

Ambos procesos, el backtesting y el forward testing, tienen un objetivo común: ayudarte a operar con confianza. Cuando sabes que tu estrategia ha sido probada y que tiene sentido en diferentes condiciones del mercado, es mucho más fácil seguirla, incluso cuando enfrentas una racha de pérdidas. Sin estas pruebas, cada pérdida se siente como un golpe personal y te deja preguntándote si tu estrategia realmente funciona. Pero con datos respaldando tus decisiones, puedes mantener la calma y confiar en que el proceso dará resultados a largo plazo.

Es importante mencionar que tanto el backtesting como el forward testing tienen limitaciones. En el caso del backtesting, estás trabajando con datos históricos, lo que significa que no puedes predecir cómo se comportará el mercado en el futuro. Los mercados cambian constantemente, y una estrategia que funcionó bien en el pasado podría no ser efectiva en el presente. Por otro lado, el forward testing requiere tiempo y paciencia, ya que estás probando tu estrategia en tiempo real, y esto puede llevar semanas o meses antes de que tengas suficiente información para evaluar su desempeño.

Además, debes tener cuidado con la trampa de optimizar demasiado tu estrategia durante el backtesting. Esto ocurre cuando ajustas continuamente las reglas para que encajen perfectamente con los datos históricos, creando una estrategia que parece infalible en el pasado, pero que es poco probable que funcione en el futuro. Este problema, conocido como sobreoptimización o curve fitting, es una de las razones por las que el forward testing es tan importante. Es la prueba final para asegurarte de que tu estrategia es viable en condiciones reales.

En resumen, el backtesting y el forward testing son herramientas esenciales para cualquier trader serio. No solo te ayudan a validar tus ideas y a mejorar tus estrategias, sino que también te preparan mentalmente para operar con confianza y disciplina. Estos procesos requieren tiempo, esfuerzo y atención al detalle, pero los beneficios son invaluables. Operar sin pruebas es como jugar a la lotería; operar con un plan probado es como dirigir un negocio bien planificado. Si estás dispuesto a invertir el tiempo necesario para probar tus estrategias, estarás un paso más cerca de convertirte en un trader consistente y rentable.

Cómo Manejar las Rachas de Pérdidas

Las rachas de pérdidas son una realidad inevitable en el trading. Incluso los traders más experimentados, con estrategias probadas y años de práctica, enfrentan momentos en los que parece que nada funciona. Es importante entender que una racha de pérdidas no define tu habilidad como trader, pero sí puede poner a prueba tu mentalidad, tu disciplina y tu capacidad para seguir adelante. En este capítulo vamos a explorar cómo manejar estas rachas de forma efectiva para que no destruyan tu confianza ni tu cuenta.

Lo primero que debes hacer es aceptar que las pérdidas son una parte natural del trading. No importa cuán buena sea tu estrategia o cuán disciplinado seas, siempre habrá factores fuera de tu control que pueden llevar a resultados negativos. Esto no significa que estés haciendo algo mal. Es simplemente la naturaleza del mercado, que es impredecible y a menudo volátil. Aceptar esto desde el principio te ayudará a no tomar las pérdidas de manera personal. El mercado no está en tu contra, simplemente está haciendo lo que siempre hace: moverse en todas direcciones.

Cuando estás en medio de una racha de pérdidas, es crucial mantener la calma y no entrar en pánico. El pánico lleva a decisiones impulsivas, como aumentar el tamaño de tus posiciones para tratar de recuperar lo perdido o cambiar tu estrategia en el calor del momento. Estas reacciones emocionales casi siempre terminan empeorando la situación. En lugar de reaccionar, detente y evalúa. Pregúntate si estás siguiendo tu plan de trading o si te has desviado. A veces, una racha de pérdidas es simplemente el resultado de condiciones de mercado desfavorables, y no de un error en tu parte.

Uno de los pasos más importantes para manejar una racha de pérdidas es reducir tu exposición al riesgo. Si estás acostumbrado a arriesgar el dos por ciento de tu capital por operación, considera reducirlo al uno por ciento o incluso menos mientras las cosas se estabilizan. Esto te permitirá seguir operando sin el temor constante de que una sola operación pueda causar un daño significativo a tu cuenta. Reducir el riesgo también te da espacio mental para analizar la situación de manera objetiva, sin la presión de grandes pérdidas potenciales.

Otra estrategia efectiva es tomar un descanso. Cuando las pérdidas se acumulan, es fácil caer en un estado emocional negativo donde cada decisión está influenciada por el miedo o la frustración. En estos momentos, alejarte del mercado puede ser lo mejor que puedes hacer. Un descanso te da la oportunidad de despejar la mente, revisar tu plan de trading y analizar tus operaciones recientes sin la urgencia de tomar decisiones en tiempo real. Regresar al mercado con una mentalidad renovada puede marcar una gran diferencia en tu desempeño.

Durante una racha de pérdidas, es esencial revisar tus operaciones para identificar patrones o errores recurrentes. Esto no significa que debas cuestionar cada detalle de tu estrategia, pero sí debes buscar señales de que algo podría estar fallando. Tal vez estás entrando demasiado temprano o tarde en las operaciones, o tal vez el mercado ha cambiado de manera que tu estrategia actual no es tan efectiva. Usa un diario de trading para registrar cada operación, incluyendo las razones detrás de tus decisiones y cómo te sentiste en ese momento. Este análisis puede revelar ajustes que necesitas hacer para mejorar.

También es importante recordar que las rachas de pérdidas no solo afectan tu cuenta, sino también tu confianza. Cuando las cosas no van bien, es fácil comenzar a dudar de tus habilidades y preguntarte si realmente tienes lo necesario para tener éxito en el trading. En estos momentos, es fundamental enfocarte en los aspectos del proceso que puedes controlar, como seguir tu plan de trading y mantener la disciplina. Concéntrate en las acciones correctas, no en los resultados a corto plazo. El trading es un juego de largo plazo, y una racha de pérdidas es solo una pequeña parte de ese camino.

Establecer límites para tus pérdidas diarias, semanales o mensuales puede ser otra herramienta útil para manejar rachas negativas. Por ejemplo, podrías decidir que si pierdes un cierto porcentaje de tu cuenta en un día, dejarás de operar hasta el día siguiente. Esto evita que las emociones tomen el control y que intentes recuperar pérdidas en un estado mental no óptimo. Del mismo modo, si alcanzas un límite de pérdidas semanal o mensual, podrías tomar una pausa más prolongada para reevaluar tu enfoque.

La mentalidad adecuada también juega un papel crucial en cómo manejas las rachas de pérdidas. En lugar de verlas como un fracaso, trata de verlas como una oportunidad para aprender y mejorar. Cada pérdida contiene una lección, ya sea sobre el mercado, tu estrategia o tus propias emociones. Si puedes extraer esas lecciones y aplicarlas en el futuro, incluso las pérdidas más dolorosas tendrán un propósito valioso en tu desarrollo como trader.

Por último, rodéate de apoyo. El trading puede ser una actividad solitaria, y durante una racha de pérdidas, esa soledad puede amplificar tus emociones negativas. Hablar con otros traders, un mentor o incluso amigos y familiares que entiendan tus objetivos puede ayudarte a poner las cosas en perspectiva. Saber que no estás solo y que otros han pasado por lo mismo puede ser una fuente de motivación y tranquilidad.

En resumen, manejar las rachas de pérdidas requiere una combinación de aceptación, análisis y disciplina. No puedes evitarlas por completo, pero sí puedes reducir su impacto en tu cuenta y en tu mentalidad. Al mantener la calma, reducir el riesgo, tomar descansos y aprender de cada experiencia, puedes convertir una situación difícil en una oportunidad para crecer y fortalecerte como trader. Recuerda que el éxito en el trading no se mide por la ausencia de pérdidas, sino por cómo respondes a ellas y cómo sigues avanzando a pesar de los desafíos.

Aceptando que las Pérdidas son Parte del Juego

Aceptar que las pérdidas son parte del juego es uno de los pasos más importantes para convertirte en un trader exitoso. Puede sonar contradictorio. Después de todo, el objetivo del trading es ganar dinero, no perderlo. Sin embargo, esta mentalidad es precisamente lo que separa a los traders que fracasan de aquellos que prosperan. Aquellos que se obsesionan con evitar las pérdidas a toda costa suelen caer en errores como mover sus stop loss, mantener posiciones perdedoras durante demasiado tiempo o arriesgar más de lo que deberían. Estos comportamientos, irónicamente, terminan generando más pérdidas.

Lo primero que debes entender es que las pérdidas no son un reflejo de tu habilidad o de tu valía como persona. Son una consecuencia natural de operar en un entorno incierto. El mercado está lleno de variables que no puedes controlar, como noticias inesperadas, cambios repentinos en la volatilidad y movimientos que desafían cualquier análisis técnico o fundamental. Incluso con una estrategia sólida, habrá ocasiones en las que todo parezca alinearse y, aun así, el mercado se mueva en tu contra. Esto no significa que hayas hecho algo mal. Significa simplemente que el trading, como cualquier otra actividad basada en probabilidades, incluye el riesgo de perder.

Aceptar las pérdidas como una parte normal del proceso es esencial porque te libera de la presión de intentar ser perfecto. La perfección es una expectativa irreal que solo conduce a la frustración. Nadie, ni siquiera los traders más exitosos del mundo, tiene un historial de operaciones sin pérdidas. Lo que distingue a los grandes traders no es su habilidad para evitar pérdidas, sino su capacidad para gestionarlas de manera inteligente y emocionalmente equilibrada. Ellos entienden que no necesitan ganar todas las operaciones para ser rentables. Lo que importa es que, en promedio, sus ganancias sean mayores que sus pérdidas.

Una forma efectiva de aceptar las pérdidas es cambiar la forma en que las interpretas. En lugar de verlas como fracasos, míralas como el costo de hacer negocios en los mercados financieros. Así como un empresario tiene que invertir en inventario, publicidad o personal, un trader tiene que invertir en el proceso de operar, y eso incluye aceptar pérdidas. Cada operación que haces tiene un costo asociado, y a veces ese costo es una pérdida. Si lo piensas de esta manera, una pérdida no es más que una parte natural del proceso.

Es importante mencionar que aceptar las pérdidas no significa resignarte a perder dinero sin control. Todo lo contrario. La aceptación te permite enfrentarte a las pérdidas con una mentalidad más clara y racional. Cuando entiendes que las pérdidas son inevitables, te vuelves más proactivo en la gestión del riesgo. Estableces niveles de stop loss, defines cuánto estás dispuesto a arriesgar por operación y sigues tu plan de trading sin desviarte. Esta preparación te protege de las pérdidas catastróficas y te da la confianza de que incluso si pierdes en una operación, no estarás poniendo en peligro tu capital.

Otra clave para aceptar las pérdidas es entender que no todas las operaciones tienen que ser ganadoras para que seas un trader rentable. Por ejemplo, si tienes una estrategia que gana en el 50 por ciento de las operaciones pero tus ganancias son el doble de tus pérdidas promedio, serás rentable a largo plazo. Este concepto, conocido como la esperanza matemática, es fundamental en el trading. Al enfocarte en el panorama general en lugar de obsesionarte con cada operación individual, puedes operar con más calma y menos estrés.

También es útil recordar que las pérdidas pueden enseñarte valiosas lecciones. Cada vez que pierdes, tienes una oportunidad de aprender algo nuevo sobre el mercado, tu estrategia o incluso sobre ti mismo. Tal vez descubras que no estás gestionando bien tus emociones o que estás entrando en operaciones por impulso. O quizás te des cuenta de que tu estrategia necesita ajustes para adaptarse mejor a ciertas condiciones del mercado. Si adoptas la mentalidad de que cada pérdida es una oportunidad de aprendizaje, comenzarás a verlas como una parte valiosa de tu desarrollo como trader.

Uno de los mayores obstáculos para aceptar las pérdidas es el ego. Todos queremos tener razón, y en el trading esto se manifiesta en el deseo de que cada operación sea exitosa. Sin embargo, el mercado no premia el ego. De hecho, operar con el objetivo de demostrar que tienes razón suele llevar a mantener posiciones perdedoras durante demasiado tiempo o a abrir operaciones impulsivas para intentar recuperar pérdidas. El ego no tiene cabida en el trading. En lugar de enfocarte en tener razón, enfócate en operar de manera disciplinada y consistente.

La aceptación de las pérdidas también tiene un efecto positivo en tu salud mental. Operar bajo el constante miedo a perder es agotador y puede llevarte al agotamiento emocional. Cuando aceptas las pérdidas como una parte natural del trading, reduces la presión que pones sobre ti mismo y te permites operar con una mentalidad más relajada. Esto no solo mejora tu rendimiento, sino que también hace que el proceso de operar sea más sostenible y agradable a largo plazo.

En resumen, aceptar que las pérdidas son parte del juego es un cambio de mentalidad que puede transformar completamente tu enfoque al trading. No se trata de minimizar su impacto, sino de entender que son inevitables y manejables.

Al dejar de luchar contra la realidad de las pérdidas, puedes centrarte en lo que realmente importa: gestionar el riesgo, seguir tu plan y aprender de cada experiencia. En última instancia, el éxito en el trading no se mide por la ausencia de pérdidas, sino por tu capacidad para manejarlas de manera efectiva y seguir avanzando hacia tus objetivos.

Evitar la Sobreconfianza Después de Ganancias

Uno de los mayores peligros para cualquier trader no es enfrentarse a una racha de pérdidas, sino lo que ocurre después de una racha de ganancias. La sobreconfianza es una trampa silenciosa que puede destruir todo lo que has logrado si no aprendes a controlarla. Es natural sentirte invencible después de una serie de operaciones exitosas, pero esta sensación puede llevarte a cometer errores que arriesgan tu capital y tu estabilidad emocional. Reconocer y gestionar la sobreconfianza es esencial para mantener la consistencia en el trading.

El problema con la sobreconfianza es que distorsiona tu percepción de la realidad. Después de varias operaciones ganadoras, es fácil empezar a creer que tienes todo bajo control, que has dominado el mercado o que tus habilidades están por encima de lo normal. Este exceso de confianza puede hacer que tomes decisiones impulsivas, como aumentar el tamaño de tus posiciones, operar con menos análisis o ignorar tus reglas de riesgo. Lo peor es que, en el momento, estas acciones pueden parecer completamente razonables porque tu confianza te hace sentir que nada puede salir mal.

La sobreconfianza también puede llevarte a pensar que el mercado te debe algo, como si las ganancias fueran el resultado de tu genialidad y no de una combinación de habilidad, estrategia y, en muchos casos, un poco de suerte. El mercado no opera bajo las reglas de tu ego. Es impredecible, y la próxima operación no tiene ninguna relación con las anteriores. Creer que estás en una racha imparable es una receta para el desastre porque te hace olvidar lo fundamental: cada operación tiene un riesgo, y cada decisión debe ser tomada con cuidado y disciplina.

Uno de los mayores riesgos de la sobreconfianza es que te hace bajar la guardia. Tal vez decides saltarte una parte importante de tu análisis porque crees que ya entiendes lo suficiente. Tal vez entras en una operación sin un plan claro porque asumes que tu intuición será suficiente. O peor aún, tal vez empiezas a operar fuera de tu estrategia porque sientes que cualquier cosa que hagas será un éxito. Estos comportamientos pueden parecer pequeños al principio, pero cada uno de ellos representa una ruptura en la disciplina que necesitas para sobrevivir como trader a largo plazo.

La clave para evitar la sobreconfianza es recordar siempre que el trading no se trata de ganar una serie de operaciones, sino de mantener la consistencia a lo largo del tiempo. Incluso las mejores estrategias tendrán períodos en los que no funcionan como esperabas, y las condiciones del mercado cambian constantemente. Reconocer esto te ayuda a mantenerte humilde y a respetar el proceso en lugar de obsesionarte con los resultados a corto plazo.

Otra forma efectiva de manejar la sobreconfianza es establecer reglas claras para tus operaciones, incluso después de una serie de ganancias. Estas reglas pueden incluir límites en el tamaño de tus posiciones, restricciones sobre la cantidad de operaciones que puedes realizar en un día o una pausa obligatoria después de alcanzar un cierto nivel de beneficios. Estas medidas no son para castigarte, sino para protegerte de ti mismo cuando la euforia comienza a nublar tu juicio.

Llevar un diario de trading también puede ser una herramienta valiosa para controlar la sobreconfianza. Después de cada operación, registra no solo los resultados, sino también tus pensamientos, emociones y razones para tomar esa operación. Revisar este diario te ayudará a identificar patrones en tu comportamiento. Tal vez notes que después de una operación especialmente grande, tiendes a tomar decisiones más riesgosas. Ser consciente de estas tendencias te da la oportunidad de corregirlas antes de que causen problemas.

Es importante mencionar que sentirse bien después de una ganancia no es algo malo en sí mismo. De hecho, deberías celebrar tus logros, pero con moderación. Reconoce que una operación ganadora no garantiza que la siguiente también lo será. La humildad es tu mejor aliada en el trading, porque te mantiene alerta y preparado para cualquier cosa que el mercado te presente. La arrogancia, por otro lado, te hace vulnerable.

Otro consejo práctico es rodearte de recordatorios de tus pérdidas pasadas.

Esto no significa que debas vivir en el miedo, sino que deberías usar tus experiencias negativas como un contrapeso para equilibrar tu confianza. Revisar operaciones en las que cometiste errores puede ayudarte a mantener los pies en la tierra y a recordar que nadie es invencible en el mercado. Esto no solo te mantiene enfocado, sino que también refuerza la importancia de seguir tus reglas y respetar el riesgo.

Finalmente, es fundamental separar tus emociones del proceso de trading. Es fácil dejar que el orgullo y la emoción dominen después de una racha de ganancias, pero el trading no debe ser impulsado por emociones, ya sean positivas o negativas. Una mentalidad equilibrada es la que te permitirá tomar decisiones objetivas y racionales, incluso en los momentos en los que todo parece estar a tu favor.

La sobreconfianza es una amenaza constante en el trading, pero puedes combatirla con una combinación de humildad, disciplina y autoconciencia. Reconoce tus logros, pero no permitas que definan tu percepción de ti mismo como trader. Cada operación es una nueva oportunidad para seguir aprendiendo, creciendo y mejorando. Mantén el enfoque en el proceso, no en los resultados inmediatos, y recuerda que el éxito en el trading no es un sprint, sino una maratón. El verdadero logro está en la consistencia, no en la emoción pasajera de una racha de ganancias.

Cómo Evaluar tu Rendimiento como Trader Defensivo

Evaluar tu rendimiento como trader defensivo es una tarea crucial que va mucho más allá de mirar el saldo de tu cuenta. Si bien es tentador medir tu éxito únicamente por las ganancias, este enfoque no refleja completamente tu progreso ni garantiza que estés operando de manera sostenible. Como trader defensivo, tu objetivo principal no es solo ganar, sino preservar tu capital mientras buscas oportunidades de crecimiento. Para ello, necesitas un enfoque detallado y estructurado que te permita analizar cada aspecto de tu desempeño.

El primer paso para evaluar tu rendimiento es rastrear todos los datos relevantes de tus operaciones. Esto incluye entradas, salidas, tamaño de posición, niveles de stop loss, objetivos de ganancia, y cualquier ajuste que hayas realizado durante la operación. Pero no te detengas ahí. También es fundamental registrar el contexto de la operación, como las condiciones del mercado, las razones detrás de tu decisión y tu estado emocional en ese momento. Este nivel de detalle puede parecer abrumador al principio, pero es una mina de oro de información que te ayudará a identificar patrones y áreas de mejora.

Una métrica esencial para un trader defensivo es el drawdown. Este término se refiere a la cantidad de capital que pierdes desde un punto alto hasta un punto bajo en un período específico. Evaluar tu drawdown es clave porque te muestra cómo manejas las pérdidas y si estás arriesgando más de lo que deberías. Un drawdown excesivo puede indicar que estás operando de manera demasiado agresiva o que no estás gestionando bien tu riesgo. Por otro lado, mantener un drawdown bajo demuestra que estás protegiendo tu capital de manera efectiva, incluso durante períodos difíciles.

Otra métrica importante es tu relación riesgo-beneficio promedio. Como trader defensivo, deberías asegurarte de que las ganancias potenciales de tus operaciones sean significativamente mayores que las pérdidas potenciales. Esto no significa que necesites ganar en todas las operaciones, pero sí que, en promedio, tus ganancias compensen con creces tus pérdidas. Si descubres que esta relación no es favorable, tal vez sea momento de revisar tu estrategia o ajustar tus niveles de entrada y salida.

La tasa de aciertos, o el porcentaje de operaciones ganadoras, es otra estadística que merece atención, pero no debería ser tu único enfoque. Muchos traders caen en la trampa de obsesionarse con tener una alta tasa de aciertos, pero esto no siempre se traduce en rentabilidad. Por ejemplo, podrías ganar en el 80 por ciento de tus operaciones y aun así perder dinero si tus pérdidas son mucho mayores que tus ganancias. Lo importante no es cuántas operaciones ganas, sino cómo manejas el equilibrio entre ganancias y pérdidas.

La consistencia es otro factor clave al evaluar tu rendimiento. ¿Estás siguiendo tu plan de trading de manera disciplinada o te desvías frecuentemente? ¿Estás tomando riesgos consistentes o a veces operas de manera impulsiva? Revisar tus operaciones en busca de señales de consistencia te ayudará a medir tu progreso como trader defensivo. Si descubres que estás actuando de manera inconsistente, esto puede ser una señal de que necesitas trabajar en tu disciplina o ajustar tu mentalidad.

Es fundamental también evaluar tu gestión emocional. ¿Cómo reaccionas después de una operación perdedora? ¿Te dejas llevar por la euforia después de una ganancia? Tu capacidad para mantener la calma y operar de manera racional es tan importante como cualquier métrica financiera. Si notas que tus emociones están influyendo en tus decisiones, esto es algo que debes abordar de inmediato, tal vez con técnicas como la meditación, el journaling o simplemente tomando un descanso del mercado.

El análisis de tus errores también es parte de la evaluación. No se trata de castigarte, sino de aprender. Cada error es una oportunidad para mejorar. Revisa tus operaciones perdedoras y pregúntate si seguiste tu plan, si ignoraste alguna señal importante o si dejaste que tus emociones dictaran tus acciones. A veces, una pérdida puede ser simplemente el resultado de la aleatoriedad del mercado, pero otras veces puede revelar una debilidad en tu estrategia o en tu enfoque.

Por supuesto, también debes analizar tus operaciones ganadoras. Es fácil asumir que todo lo que hiciste en una operación ganadora fue correcto, pero este no siempre es el caso. Tal vez tomaste un riesgo innecesario que resultó salir bien por casualidad. Evaluar tus operaciones ganadoras con el mismo nivel de detalle que las perdedoras te permitirá identificar si estás siguiendo tu plan o simplemente teniendo suerte.

Una herramienta invaluable para evaluar tu rendimiento es un diario de trading. Este diario no solo debe incluir los datos técnicos de tus operaciones, sino también tus pensamientos, emociones y observaciones. Con el tiempo, este registro te permitirá identificar patrones en tu comportamiento y en el rendimiento de tu estrategia. Por ejemplo, tal vez descubras que tiendes a operar mejor en ciertos horarios o bajo ciertas condiciones del mercado. O tal vez notes que siempre cometes los mismos errores después de una racha de ganancias. Este nivel de autoconciencia es esencial para tu crecimiento como trader.

Finalmente, recuerda que evaluar tu rendimiento como trader defensivo no es algo que hagas una sola vez. Es un proceso continuo que requiere tiempo y dedicación. Establece un horario regular para revisar tus operaciones, tal vez al final de cada semana o mes, y utiliza esta revisión para ajustar tu enfoque según sea necesario. El objetivo no es ser perfecto, sino mejorar continuamente.

En el trading, como en la vida, el progreso no es lineal. Habrá altibajos, y eso está bien. Lo importante es que te mantengas enfocado en el proceso y no te dejes desanimar por los contratiempos ni cegarte por los éxitos. Evaluarte regularmente te ayudará a mantenerte en el camino correcto y a desarrollar las habilidades y la mentalidad necesarias para tener éxito a largo plazo. Al final del día, ser un trader defensivo no se trata de evitar el riesgo por completo, sino de gestionarlo de manera inteligente y consistente. Y la única forma de hacerlo es manteniendo una visión clara y honesta de tu rendimiento.

Evolucionando de un Trader Defensivo a un Trader Consistente

Ser un trader defensivo es un gran logro. Has aprendido a proteger tu capital, a controlar el riesgo y a mantener la calma en un entorno que puede ser caótico. Pero, en algún momento, puede que sientas que te has estancado, como si estuvieras atrapado en un círculo donde simplemente sobrevives en lugar de prosperar. Este es el momento de dar el siguiente paso: evolucionar de un trader defensivo a un trader consistente. Este cambio no se trata de asumir más riesgos ni de buscar ganancias rápidas, sino de desarrollar un enfoque más equilibrado y sostenible que combine la defensa con una ofensiva calculada.

La consistencia en el trading no significa que siempre ganarás. Significa que siempre operarás de acuerdo con un plan, que tomarás decisiones basadas en lógica y estrategia, no en emociones, y que tus resultados serán predecibles en el sentido de que reflejan una aplicación disciplinada de tu método. El primer paso para evolucionar hacia esta consistencia es reforzar tu mentalidad. Como trader defensivo, ya comprendes la importancia de proteger tu capital, pero ahora debes enfocarte en construir confianza en tu sistema. Esto requiere tiempo, paciencia y práctica.

Un trader consistente entiende que su éxito no depende de una sola operación, sino del conjunto de todas sus operaciones a lo largo del tiempo. Para lograr esto, necesitas un plan de trading sólido, pero también debes comprometerte a seguirlo sin desviaciones. Aquí es donde muchos traders fallan. Después de unas pocas pérdidas, comienzan a dudar de su estrategia y hacen ajustes impulsivos, perdiendo el rumbo. La consistencia requiere que confíes en tu plan incluso cuando las cosas no salen como esperas. Esto no significa que nunca debas hacer cambios, pero cualquier ajuste debe basarse en un análisis objetivo, no en una reacción emocional.

Otro aspecto clave para convertirte en un trader consistente es entender la importancia de la gestión de expectativas. En el trading, la realidad es que no vas a ganar todos los días, ni todas las semanas, ni siquiera todos los meses. Habrá altibajos, y aceptar esto te ayudará a mantener la calma y a evitar decisiones impulsivas. Un trader consistente no se obsesiona con los resultados a corto plazo. En cambio, evalúa su desempeño en períodos más largos y se centra en mejorar poco a poco.

La consistencia también se basa en la disciplina, y esta se fortalece a través de la repetición. Cada vez que sigues tu plan de trading, incluso cuando el mercado va en tu contra, estás fortaleciendo tu autodisciplina. Cada vez que te detienes a analizar una operación antes de entrar, en lugar de lanzarte impulsivamente, estás construyendo los cimientos de un enfoque consistente. No se trata de perfección, porque nadie es perfecto en el trading, pero sí de compromiso con un proceso bien pensado.

Para evolucionar hacia la consistencia, también necesitas ser honesto contigo mismo. Llevar un diario de trading es una de las herramientas más valiosas que puedes usar. Escribe no solo tus operaciones, sino también tus pensamientos, emociones y observaciones. Con el tiempo, este registro se convertirá en un espejo que te mostrará dónde estás siendo consistente y dónde no. Tal vez descubras que sigues desviándote de tu plan después de una racha de pérdidas o que operas más agresivamente cuando estás emocionado. Ser consciente de estos patrones es el primer paso para corregirlos.

La paciencia es otro pilar de la consistencia. Como trader defensivo, probablemente ya has aprendido a esperar las mejores configuraciones en lugar de saltar a cada oportunidad que aparece. Sin embargo, evolucionar hacia la consistencia significa llevar esta paciencia al siguiente nivel. A veces, esto implica no operar en absoluto durante días o incluso semanas si el mercado no presenta oportunidades claras. Puede ser difícil resistir la tentación de actuar, especialmente cuando ves a otros traders publicando ganancias impresionantes, pero la paciencia es lo que te permitirá evitar errores costosos y mantenerte en el juego a largo plazo.

Un aspecto que distingue a los traders consistentes es su capacidad para manejar tanto las rachas ganadoras como las perdedoras con la misma mentalidad equilibrada. Después de una racha ganadora, no dejan que la euforia los lleve a asumir riesgos innecesarios. Después de una racha perdedora, no se hunden en la desesperación ni intentan recuperar las pérdidas rápidamente. En lugar de eso, permanecen centrados en su plan y en la ejecución metódica de su estrategia. Este equilibrio emocional es lo que les permite mantener la consistencia en todas las condiciones del mercado.

La consistencia también se construye a través de la adaptación. El mercado está en constante cambio, y lo que funciona hoy puede no funcionar mañana. Como trader defensivo, ya tienes la ventaja de ser cauteloso, pero ahora necesitas complementar esta cautela con la capacidad de adaptarte cuando sea necesario. Esto no significa abandonar tu estrategia en cuanto enfrentas dificultades, sino estar dispuesto a analizar objetivamente qué está funcionando y qué no, y ajustar tu enfoque según sea necesario.

Finalmente, evolucionar hacia la consistencia implica aceptar que este proceso no tiene un final. Siempre habrá algo que aprender, algo que mejorar y algo que ajustar. Incluso los traders más exitosos del mundo nunca dejan de trabajar en su desarrollo. La consistencia no es un destino, sino un viaje continuo. Es un compromiso diario con tu crecimiento como trader y como persona.

En última instancia, ser un trader consistente significa operar con confianza, pero también con humildad. Es saber que cada operación es solo una pequeña parte de un panorama más amplio. Es aceptar que no puedes controlar el mercado, pero sí puedes controlar cómo reaccionas a él. Y es recordar siempre que tu éxito no se mide solo en dólares y centavos, sino en tu capacidad para operar de manera disciplinada, metódica y sostenible. Con cada paso que des hacia la consistencia, estarás construyendo no solo tu éxito como trader, sino también una base sólida para alcanzar tus metas a largo plazo.

www.ingramcontent.com/pod-product-compliance
Lightning Source LLC
LaVergne TN
LVHW060257051026
849517LV00003B/839